El tricerátops

Lori Dittmer

CREATIVE EDUCATION
CREATIVE PAPERBACKS

semillas del saber

Publicado por Creative Education y Creative Paperbacks
P.O. Box 227, Mankato, Minnesota 56002
Creative Education y Creative Paperbacks son marcas editoriales de The Creative Company
www.thecreativecompany.us

Diseño de Ellen Huber
Producción de Rachel Klimpel y Ciara Beitlich
Dirección de arte de Rita Marshall
Traducción de TRAVOD, www.travod.com

Fotografías de Alamy (Mohamad Haghani, Science Photo Library, Universal Images Group North America LLC/DeAgostini), Corbis, Deposit Photos (Elenarts), Shutterstock (DM7, Dotted Yeti, freestyle images, Herschel Hoffmeyer, IG Digital Arts, Matis75, Vac1, Warpaint), The Fossil Forum (ThePhysicist)

Library of Congress Cataloging-in-Publication Data
Names: Dittmer, Lori, author.
Title: El tricerátops / Lori Dittmer ; traducción de TRAVOD.
Other titles: Triceratops. Spanish
Description: Mankato, Minnesota : Creative Education and Creative Paperbacks, [2024] | Series: [Semillas del saber] | Includes index. | Audience: Ages 4–7 | Audience: Grades K–1 | Summary: "A kindergarten-level STEM introduction to three-horned dinosaur Triceratops, translated into North American Spanish. Covers the prehistoric herbivore's body structure, diet, and fossil remains and includes a glossary and a labeled image guide to the extinct animal's body parts"— Provided by publisher.
Identifiers: LCCN 2022048651 (print) | LCCN 2022048652 (ebook) | ISBN 9781640267336 (library binding) | ISBN 9781682772928 (paperback) | ISBN 9781640008984 (ebook)
Subjects: LCSH: Triceratops—Juvenile literature. | Dinosaurs—Juvenile literature.
Classification: LCC QE862.O65 D58618 2024 (print) | LCC QE862.O65 (ebook) | DDC 567.915/8—dc23/eng/20221021

Impreso en China

TABLA DE CONTENIDO

¡Hola, *tricerátops*!

Este dinosaurio vivió hace mucho tiempo.

En esa época, también vivían el *tiranosaurio rex* y el *anquilosaurio*.

Se encontraron fósiles de *tricerátops* por primera vez en 1887. Su nombre significa "cara con tres cuernos". Arriba de cada ojo tenía un cuerno. También tenía un cuerno en el hocico.

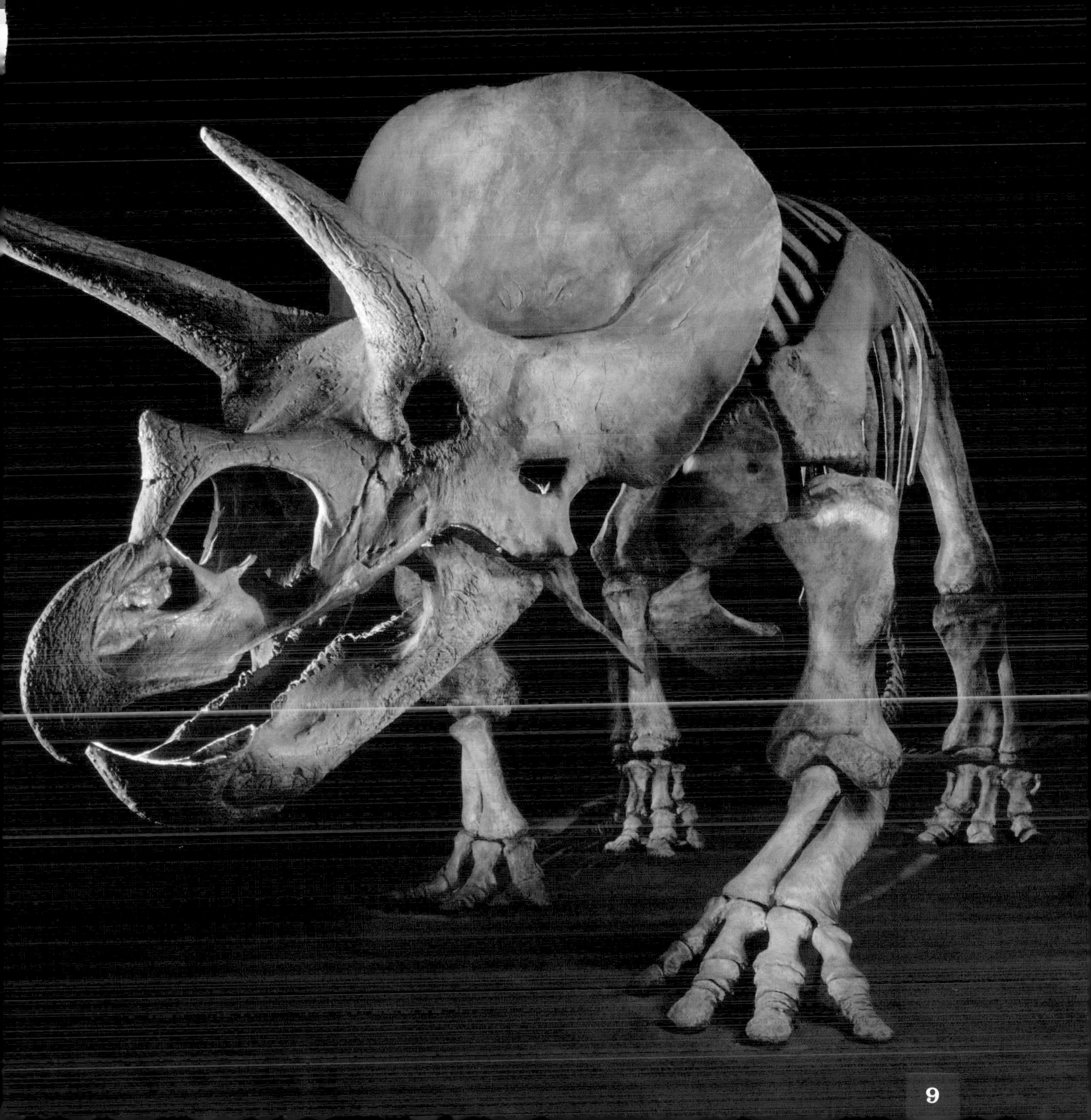

Su cuerpo pesado se sostenía en cuatro patas fuertes.

El *tricerátops*
tenía una enorme cabeza.
Su cuello estaba protegido
por una dura placa frontal.

¡Tenía aproximadamente 800 dientes! Si se le caía un diente, le salía otro.

Dientes del *tricerátops*

El *tricerátops* comía plantas. Con su pico agarraba hojas. Sus dientes afilados cortaba la comida.

El *tricerátops* se movía lentamente. Usaba sus cuernos para defenderse.

A veces, los *tricerátops* peleaban con otro.

¡Adiós, *tricerátops*!

Imagina un *tricerátops*

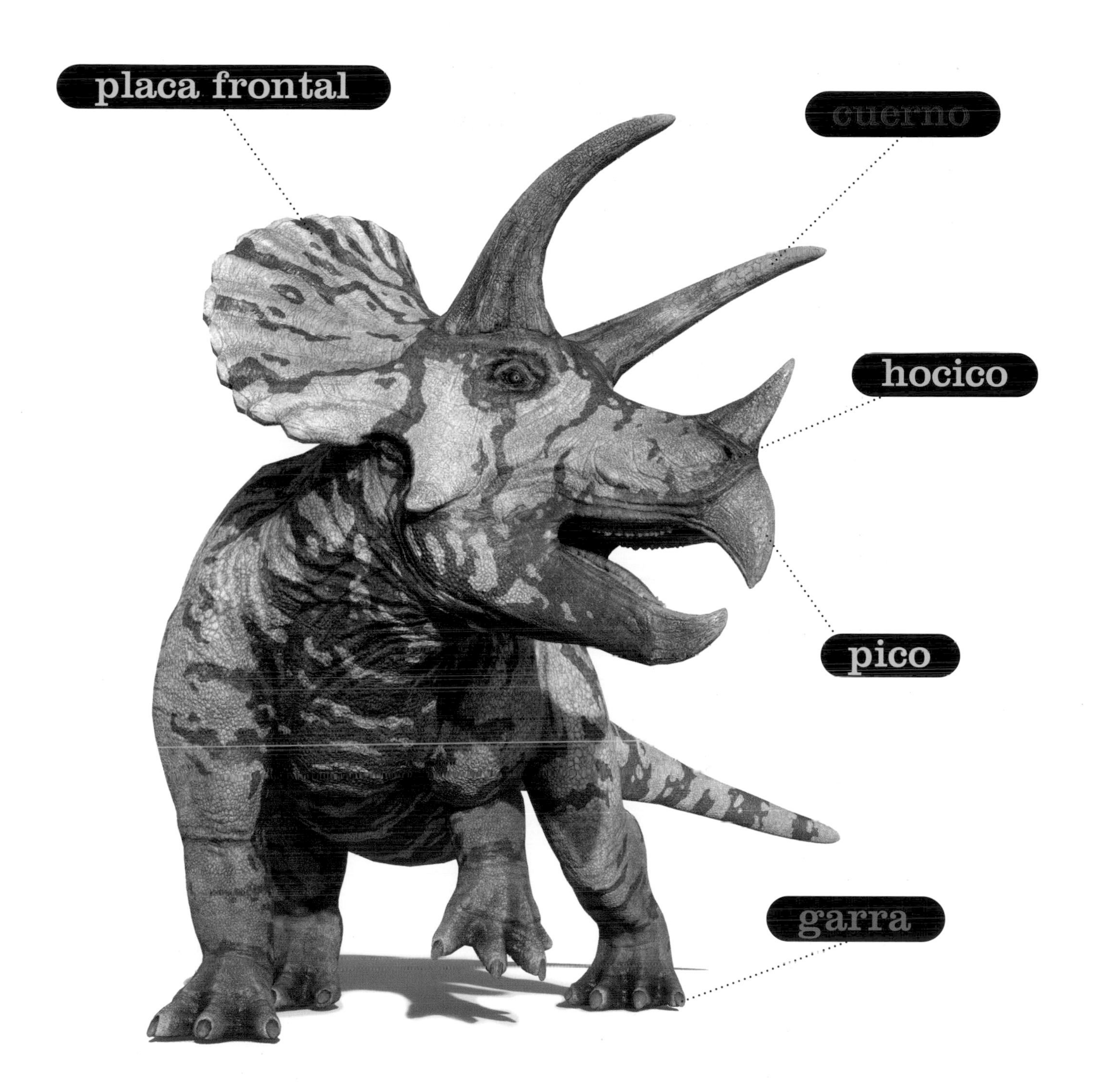
placa frontal
cuerno
hocico
pico
garra

Palabras que debes conocer

fósil: el hueso o rastro de algún animal de hace mucho tiempo que puede encontrarse en algunas rocas

hocico: la parte de la cara de un animal que sobresale e incluye la nariz y la boca

pico: la parte dura y puntiaguda de la boca de algunos animales

placa frontal: la placa de hueso que sale del cráneo y cubre el cuello de algunos dinosaurios

Índice